Ruth Rocha
& Dora Lorch

Ninguém gosta de mim?

ILUSTRAÇÕES
Walter Ono

SALAMANDRA

Texto © Ruth Rocha e Dora Lorch
Editora Salamandra, 2009: 1ª edição reformulada. Publicações anteriores: Editora Lastri, 1986: 1ª edição;
Editora Ática, 1997 – 2008: 2ª e 3ª edições (com 13 reimpressões).
Ilustrações © Walter Ono, 2009

COORDENAÇÃO EDITORIAL
Lenice Bueno da Silva

ASSISTENTE EDITORIAL
Rita de Cássia da Cruz Silva

REVISÃO
Ana Paula Luccisano
Nancy Helena Dias

PROJETO GRÁFICO
Traço Design

IMPRESSÃO
Log&Print Gráfica e Logística S.A.
Lote: 754657
Código: 12063986

Dados Internacionais de Catalogação na Publicação (CIP)
(Câmara Brasileira do Livro, SP, Brasil)

Rocha, Ruth
　　Ninguém gosta de mim? / Ruth Rocha, Dora Lorch;
ilustrações Walter Ono. – Ed. reform. – São Paulo :
Moderna, 2009.

　　ISBN 978-85-16-06398-6

　　1. Literatura infantojuvenil I. Lorch, Dora.
II. Ono, Walter. III. Título.

09-05032　　　　　　　　　　　　　　　　CDD-028.5

Índices para catálogo sistemático:
1. Literatura infantil 028.5
2. Literatura infantojuvenil 028.5

Todos os direitos reservados
Editora Moderna Ltda.
Rua Padre Adelino, 758, Belenzinho, São Paulo, SP, Cep 03303-904
Vendas e Atendimento:
Tel.: (11) 2790-1300
www.salamandra.com.br
Impresso no Brasil / 2022

DE ACORDO COM AS NOVAS NORMAS ORTOGRÁFICAS

NINGUÉM GOSTA DE MIM?

SABE QUE EU TENHO MUITO MEDO?

QUANDO A MAMÃE SAI E EU FICO SOZINHO,
TENHO MUITO MEDO DE QUE ELA NÃO VOLTE MAIS...

...MAS ELA SEMPRE VOLTA, PORQUE ELA É A MINHA MAMÃE!

QUANDO EU SAIO COM O PAPAI,
ÀS VEZES NÃO VEJO O PAPAI JUNTO DE MIM.
EU PENSO QUE NÃO VOU ENCONTRAR
O PAPAI NUNCA MAIS!

MAS ELE SEMPRE ME ENCONTRA,
PORQUE ELE SEMPRE ME PROCURA!

QUE SUSTO!

ÀS VEZES, NA ESCOLA,
MEU PAI CUSTA A CHEGAR.
ENTÃO EU PENSO SE ELE NÃO LEVOU
OUTRA CRIANÇA NO MEU LUGAR...

QUE NADA! MEU PAI PODE DEMORAR,
MAS ELE SEMPRE CHEGA!
E NÃO ME TROCA, QUE ELE ME CONHECE
MUITO BEM E É DE MIM QUE ELE GOSTA!

ÀS VEZES ME DÁ UM MEDO DE QUE A MINHA MÃE FIQUE MUITO, MUITO BRAVA E BRIGUE COMIGO, E EU VOU FICAR COM MUITA RAIVA DELA E ELA NÃO VAI MAIS GOSTAR DE MIM...

ELA FICA BRAVA
MESMO.
ELA BRIGA COMIGO
E TUDO.

E EU FICO COM
RAIVA DELA,
MAS ELA CONTINUA
A GOSTAR DE MIM.

QUANDO A MINHA MÃE BRINCA MUITO COM AS OUTRAS CRIANÇAS, EU ACHO QUE ELA NUNCA MAIS VAI LIGAR PRA MIM.

ENTÃO EU FICO COM MUITA INVEJA E QUERO QUE AS OUTRAS CRIANÇAS MORRAM!

MAS AÍ ELA BRINCA MUITO COMIGO E
EU ACHO QUE ELA GOSTA MUITO DE MIM.

TEM VEZES QUE O MEU PAI QUER QUE
EU FAÇA COISAS QUE NÃO QUERO.

E ELE FICA MUITO BRAVO E EU FICO
COM ÓDIO DELE! E EU FICO COM MUITO
MEDO DO QUE VAI ACONTECER!

A GENTE BRIGA, EU FICO COM ÓDIO,
MAS ELE NÃO MORRE.

A GENTE SE GOSTA MUITO!

TEM VEZES QUE EU ME SINTO TÃO SOZINHO...
ACHO QUE NINGUÉM GOSTA DE MIM...

MAS AÍ A GENTE SE JUNTA E BRINCA E
CONVERSA. E, QUANDO ELES VÃO EMBORA,
EU NÃO FICO MAIS SOZINHO!

ELES AGORA ESTÃO NO MEU CORAÇÃO!

Ruth Rocha

Na minha infância, as histórias estiveram sempre presentes. Lidas e contadas por minha mãe, meu pai e, especialmente, meu avô Ioiô. Hoje sou eu que conto histórias para todas as crianças: as que gostam de contos clássicos e, também aquelas, como minha filha, que gostava de histórias do cinzeiro, da mesa, da lua. Foi a partir de uma pergunta feita por ela que eu escrevi *Romeu e Julieta*, meu primeiro conto publicado na revista *Recreio*. Agora, com mais de 40 anos de carreira, tenho a felicidade de ver toda a minha obra reunida na *Biblioteca Ruth Rocha*, publicada pela Editora Salamandra.

Dora Lorch

Dora Lorch é psicóloga clínica, mestre em psicologia pela PUC-SP. Além da clínica, trabalhou em vários projetos sociais, como *Associação Novas Trilhas* e *Sou da Paz*, melhorando o relacionamento entre pais e filhos. Escreveu livros para crianças com Ruth Rocha e um para adultos chamado *Como educar sem usar a violência*. É sócia da Delfos Prevenção em Psicologia e sócia fundadora da OSCIP Fábrica do Futuro, onde coordena o projeto Florescer da Fábrica em parceria com a Liga Solidária.

Nasci mineiro. Vim para São Paulo menino. Adolescente, descobri o *rock* e a bossa nova. Na Faculdade de Arquitetura vivíamos o final do Modernismo, a contracultura, a literatura latino-americana, a comunicação de massa e as passeatas contra a ditadura. Foi um período de grande mudança cultural. No desenho, a grande virada veio com a *pop-art*, o filme *Submarino Amarelo* (desenhos de Heinz Edelmann) e o estúdio *Push Pin* (Milton Glaser). Nesse espírito, na busca de novas verdades, conheci a Ruth. Não é pra ser agradecido e feliz?